AF189050

Australien

lieben lernen

Der perfekte Reiseführer für einen unvergesslichen Aufenthalt in Australien inkl. Insider-Tipps und Packliste

Madeleine Siemers

✈ INHALT

Was Sie in diesem Buch erwartet

Australien ist eines der beliebtesten Reiseländer der Welt. Doch wie berechtigt ist dieser Titel? Lassen Sie uns doch gemeinsam in diesem Buch herausfinden, ob auch Sie so angetan sind von diesem riesigen Land. Ich kann Ihnen allerdings jetzt schon versichern, dass es auf diesem Kontinent nicht an Diversität mangelt und langweilig wird einem schon gar nicht.

Vermutlich stehen Sie am Anfang Ihrer Reiseplanung und sind, wie die meisten Urlaubsreifen,

erst einmal etwas überfordert mit den schier unendlichen Möglichkeiten, Sehenswürdigkeiten und
Abenteuern, die Sie in Australien erwarten. Welche
Stadt sollte man auf jeden Fall gesehen haben? An
welchen Orten ist das Outback am sehenswertesten
und wo werde ich bei dem ultimativen Australiener-
lebnis dabei sein? Doch dann stellt man fest, dass
sich eine offene Frage an die Nächste reiht und der
Urlaub gar nicht lang genug sein kann für die vielen
Pläne, die man sich vornimmt.

Verzweifeln Sie nicht, denn wie vieles im Leben
erfordert auch diese Reise in die fernen, unendlichen
Weiten Australiens von vorneherein eine gute Pla-
nung. Ich möchte Ihnen dabei gerne helfen, indem
ich Ihnen einen Teil der Suche nach Sehenswertem
abnehme, Ihnen die Entscheidungen der Aktivitäten
einfacher mache und praktische Tipps und Empfeh-
lungen im Verlaufe des Buches offenbare. Ist der bü-
rokratische Teil geklärt, können Sie sich entspannt
zurücklegen, sich auf die Ausführung Ihrer Reise
konzentrieren und sich auf Ihre ganz persönliche
Auszeit freuen.

Ich lade Sie nun recht herzlich zu einer Reise auf
die andere Seite der Welt ein, wo Sie Wunder und

das Unmögliche erwartet. Lassen Sie sich überraschen.

Für jeden Reisebegeisterten

In Australien gibt es immer etwas zu erleben, ohne Frage. Das Schöne an diesem Land ist, dass hier niemandem langweilig werden kann, denn egal, in welcher Stadt man sich befindet, die vielen verschiedenen Events und Festivals scheinen grenzenlos. Schauen Sie sich ruhig in den zahlreichen Online-Auftritten der Regionen um und finden Sie Informationen zu den aktuellen Unterhaltungsmöglichkeiten.

ALLGEMEINES

Das sechstgrößte Land auf dem gleichzeitig kleinsten Kontinent der Welt, in dem man sich hauptsächlich mit der englischen Sprache verständigt, ist 21,5 Mal größer als Deutschland, besitzt dabei aber im Vergleich zu seiner Größe mit 24,5 Millionen Menschen nur eine geringe Einwohnerzahl. Davon leben allein 40% in den beiden Städten Sydney und Melbourne. Australien weist dank seiner Lage auf der Südhalbkugel einige Besonderheiten auf, so zum Beispiel ist der **Jahreszeitenrhythmus** im Vergleich zu Europa genau umgekehrt. Der australische Sommer findet von Dezember bis Februar statt, der Herbst von März bis Mai, der Winter von Juni bis August und der Frühling von September bis November. Im Norden des Landes, wo ein tropisches Klima herrscht, spricht man auch von der Regenzeit, von November bis April, und der Trockenzeit, von Mai bis Oktober. Ihre Ausgaben werden Sie mit der **Landeswährung**, dem australischen Dollar, auch AUD abgekürzt, bezahlen. Die sogenannten ‚Indigenous Australians', die ursprünglichen Bewohner des Landes, sind die **Aborigines**, welche heutzutage etwa 2,8% der Gesamtbevölkerung ausmachen. Ihre

Kultur zieht sich auch heute noch durch Australien und ist an zahlreichen Schauplätzen für Touristen aus aller Welt zur Schau gestellt. Das Christentum ist die **Religion** des Kontinents mit den meisten Anhängern, mit großem Abstand gefolgt vom Islam und dem Buddhismus. Allerdings sank auch hier der Einfluss der Kirchen über die letzten Jahrzehnte gewaltig. Australien besitzt drei unterschiedliche **Zeitzonen**, daneben haben größtenteils die Außeninseln weitere Zeitunterschiede. Je nach Jahreszeit muss also zwischen 8 und 10 Stunden auf die Greenwich Mean Time (GMT) hinzugerechnet werden.

Nach so einer langen Reise von Deutschland nach Australien ist es höchst wahrscheinlich, dass Sie durch die **Zeitverschiebung** und die vielen neuen Eindrücke müde und bereit für ein richtiges Bett sind. Um einem langanhaltenden Jetlag entgegenzuwirken, hilft es, bereits im Flugzeug „vorzuschlafen", dann vergeht der Flug nicht nur schnell, sondern Sie werden auch wahrscheinlicher bis zum Abend durchhalten. Unter Vielreisenden ist es allgemein bekannt, dass, egal wo man sich befindet und wie groß die Zeitverschiebung auch ist, sich generell erst am Abend zum Schlafen hingelegt wird. Ich rate

Ihnen vom Halten eines Mittagschlafes ab, da sonst das Reinkommen in den neuen Zeitrhythmus des Ziellandes nur noch mehr erschwert wird.

Nutzen Sie die Zeit im Flugzeug zum **Schlafen**, *damit Sie die lange Reisezeit leicht überstehen und bereits bei der Ankunft in Australien das Land in seiner vollen Pracht bestaunen können.*

Vor Ihrer Einreise nach Australien gilt es selbstverständlich, wie bei jedem Urlaub, sich ausreichend zu informieren, damit einer entspannten Reise nichts mehr im Wege steht. Das **Visum** ist eine der zentralen Punkte, welche unbedingt benötigt werden. Die Website der Immigrationsbehörde der australischen Regierung (Department of Home Affairs) zeigt die verschiedenen Visa-Typen, z.B. das Besucher-, Arbeits- oder Bildungsvisum, mit den dazugehörigen weiteren Informationen und bietet Ihnen die Möglichkeit, Ihr passendes Visum direkt zu beantragen. Des Weiteren sollten Sie sich bezüglich der **Auslands-Krankenversicherung**, des Fluges und natürlich der Unterkunft informieren. Praktische Vorteile bringt auch eine **australische SIM-Karte** mit sich, besonders, wenn Sie für einige Zeit dort verweilen möchten. Wenn Sie einen Roadtrip planen und dafür ein Auto mieten wollen, ist selbstverständlich ein **internationaler Führerschein** zu beantragen. Wie Sie sehen können, gibt es hier viel zu beachten, weshalb das Erkunden nach den aktuellen Bestimmungen der Einreise nach Australien neben den normalen Urlaubsvorkehrungen hier von essenzieller Bedeutung ist.

Schon weit im Voraus Ihres geplanten Trips nach Australien sollten Sie unbedingt Ihren **Reisepass** *kontrollieren und darauf achten, dass das Ablaufdatum nicht überschritten wird. Denn Sie dürfen das Land nur betreten, wenn Ihr Reisepass auch noch bis zur Ausreise gültig ist.*

Die **Anreise** des fünften Kontinents von deutschen Flughäfen aus stellt kein großes Problem dar. Da der Flug auf die andere Hälfte der Erdkugel führt, sind ein oder mehrere Zwischenstopps unvermeidlich. Sie müssen von einer Mindestreisezeit von 22 bis 24 Stunden plus Aufenthalt auf dem Flughafen rechnen, was je nach Preis und Buchungsdatum variiert. Es ist übrigens günstiger, wenn Sie Ihren Hin- und Rückflug zusammen erwerben, auch wenn das die Spontanität der Reise einschränkt.

Wenn Sie allerdings nicht die komplette Reisedauer in einem Flugzeug aushalten, dann empfehle ich Ihnen, einen Stopover einzulegen, welcher sich auch über einige Tage hinziehen kann. Einmal angekommen auf dem australischen Flughafen, ist bereits der schwerste und längste Teil geschafft. Das Bussystem zwischen den großen Städten ist gut ausgebaut und einfach zu buchen. In ausgewählten Städten, wie zum Beispiel in Melbourne, der Gold Coast oder Hobart, gibt es simple Shuttlebusse vom Flughafen zum Zentrum, so auch die auffällig roten Doppelstockbusse des SkyBus-Unternehmens. Auch das **öffentliche Verkehrssystem** der Großstädte kann häufig ganz einfach und übersichtlich per App abgerufen werden, so gehört ‚Opal' zu Sydney, ‚Transperth' zu Perth und ‚Adelaide Metro' gibt Aufschluss über die aktuellen Verbindungen in Adelaide. Ein bisschen Online-Recherche erleichtert hier die Orientierung und Fortbewegung sehr. Sie sollten sich zudem fragen, ob sich einzelne Touristenangebote der öffentlichen Verkehrsmittel für Sie lohnen würden, was von der Anzahl an Tagen, die Sie gerne in der Stadt verbringen möchten, sowie der

Häufigkeit, mit welcher Sie planen, Busse und Bah-

Einen mehrtägigen **Stopover** *bei Ihrer Anreise nach Australien einzuplanen, kann es Ihnen erleichtern, sich zu akklimatisieren und an den neuen Zeitrhythmus zu gewöhne. Dazu kommt, dass Sie Zeit haben, einen weiteren Ort zu erkunden. Beliebte Stopoverdestinationen sind zum Beispiel Dubai oder Singapur.*

---

nen tatsächlich zu nutzen, abhängig ist.

Grundsätzlich unterscheiden sich die in Australien herrschenden **Regeln und Gesetze** nicht bedeutend von denen in Deutschland. So ist der Alkohol- und Tabakkonsum auch hier erst ab 18 Jahren gestattet, allerdings in das Trinken von alkoholischen Getränken in der Öffentlichkeit strengstens untersagt. Auch das Rauchen an öffentlichen Orten ist verboten und Drogen, darunter Marihuana, sind illegal. Beim Fahrradfahren müssen Sie sich immer die Helmpflicht halten und das Autofahren ist in Australien ohne einen internationalen Führerschein nicht erlaubt.

So eine Reise in ein Land mit der Muttersprache **Englisch** ist eine hervorragende Möglichkeit, diese Fremdsprache zu erlernen oder zu verbessern. Scheuen Sie sich nicht davor mit Einheimischen hier und da ein paar Worte zu wechseln oder sie sogar in ein Gespräch zu verwickeln, denn eine Fremdsprache erlernt sich nun einmal am besten praktisch im dazugehörigen Land. Wenn Sie zurück zu Hause mit ein paar australischen Phrasen angeben können, dann wird das Familie und Freunde noch mehr beeindrucken.

*Nutzen Sie die Chance und lernen Sie neue Menschen in **Gemeinschaftsunterkünften** kennen. Das ist nicht nur praktisch für den Geldbeutel, sondern endet nicht selten in unerwarteten und einmaligen Abenteuern!*

Damit genügend Geld aus der Urlaubskasse auch für die Teilnahme an zahlreichen und besonderen Abenteuern zur Verfügung steht, finden Sie mit Hostels, aber auch Airbnb, eine günstige Unterkunftsalternative für den kleinen Geldbeutel. Australien ist bekannterweise unglaublich beliebt bei erlebnisfreudigen Backpackern, wenn nicht sogar das beliebteste

Land überhaupt und so ist nahezu jeder Ort des Landes auf die Nachfrage simpler und günstiger **Übernachtungsmöglichkeiten** eingestellt. Erfahrungsgemäß entstehen großartige Gespräche und die besten Bekanntschaften, wenn man sich auf eine Gemeinschaftsunterkunft mit interessanten Menschen aus aller Welt einlässt.

Weiteres Geld können Sie sparen, wenn Sie schon vorher recherchieren und vergleichen, bevor Sie einzelne Sehenswürdigkeiten besuchen. Häufig variieren die Preise in der Woche und an den Wochenenden, beziehungsweise in den Ferien. Es gibt auch sogenannte **Sehenswürdigkeiten-Pässe**, zum Beispiel in Brisbane, der Gold Coast oder Sydney, bei denen Sie beim Eintritt einiger Attraktionen durch den Erwerb dieser Pässe enorm sparen können.

Zu Australien gehören natürlich auch noch einige Außengebiete, wie zum Beispiel die Kokos- und Weihnachtsinseln, die sich im indischen Ozean befindenden. Ich möchte mich allerdings in diesem Buch auf den Kontinent an sich konzentrieren.

Los geht's mit unserer Reise auf die andere Seite der Erde!

AUSTRALIAN CAPITAL TERRITORY – POLITIK, BILDUNG UND KULTUR VEREINT

Auf unserer Reise möchte ich Sie zunächst in das südöstlich gelegene Territorium Australiens mitnehmen, in dem auch die Hauptstadt des Landes zu finden ist. Nachdem sich Melbourne und Sydney um den Titel der Hauptstadt beworben hatten, aber keine Einigung stattfand, fand sich 1908 endlich ein geeigneter Ort, welcher genau zwischen den beiden konkurrierenden Städten liegt. Hier wurde kurz darauf das Australian Capital Territorium gegründet und mit dem Bau der neuen Hauptstadt begonnen: Canberra. Das Territorium stellt trotz seiner Bedeutung den zweitkleinsten Staat des Kontinents dar, mit einer Fläche von nur 2.358km^2 reiht sich dahinter lediglich das Jervis Bay Territorium mit geringfügigen 67km^2 ein. Mit einer Bevölkerung von 373.000 Einwohnern lebt der Großteil der Menschen im Bundesstaat in Canberra, obwohl die Stadt nur ein Viertel der Fläche ausmacht und ein Bruchteil der Bewohner wohnt außerhalb der Stadt. In der Umgebung finden sich zahlreiche Flüsse, die dichten Wälder des **Namadgi National Parks** und kleine

Gebirgszüge. Das Bergland rund um Canberra eignet sich hervorragend für den Anbau von Wein, von Chardonnay bis Pinot Noir, welcher bei nachmittäglichen Weinproben in über 30 Weinkellern verkostet werden kann. Ebenso hat die Gourmetszene der Region in den vergangenen Jahren für Aufsehen gesorgt. Ob in Lokalen, Bars oder Restaurants – im Australian Capital Territorium gibt es für jeden Geschmack und für jeden Geldbeutel die beste Verpflegung.

*Die beste **Reisezeit** für diesen Teil Australiens ist die Zeit von Oktober bis April, da der Frühling, Sommer und Herbst mit sehr warmen Tagen und milden Nächten am angenehmsten für die Besichtigungen sind.*

Canberra

Canberra bietet als vollkommen geplante Stadt ein Zentrum für Politik, Kultur und Bildung und ist zweifelsfrei die Hauptsehenswürdigkeit im Territorium. Hier befindet sich nicht nur der Sitz der Regierung, sondern auch weitere staatliche Institutionen, wie zum Beispiel das **Oberste Landesgericht**. Für kulturell interessierte Besucher kann die Hauptstadt unter anderem das sehr beeindruckende und sehenswerte **Australian War Memorial** vorweisen, welches ein Andenken an die in den Kriegen gefallenen australischen Soldaten ist. Canberra ist die Heimat von den besten Museen, die Australien zu bieten hat. Darunter befindet das **Nationalmuseum**, welches ebenso wie das **Parlamentsgebäude** kostenlos besichtigt werden kann. Als besonders kinderfreundlich hat sich das **National Dinosaur Museum** herausgestellt, denn hier ist die Aufmerksamkeit der Kleinen beim Zählen der ausgestellten Dinosaurierzähne und -beine gefragt.

> *Wer mit Kindern reist, kann für Diese durch die Besichtigung des **National Dinosaur Museum** einen langen Sightseeing-Tag erträglicher machen.*

Nach der erfolgreichen Absolvierung der Aufgabe locken ein Zertifikat und ein echter Haizahn als Belohnung. Wenn nach dem Besuch noch kultureller Atem vorhanden ist, kann die gehobene Kunst von über 100.000 australischen Werken in der **Nationalgalerie** bestaunt werden. Neben dieser festen Ausstellung werden hier auch aktuelle internationale

Galerien veröffentlicht.

Das Nationalmuseum, die Nationalgalerie und die **Staatsbibliothek** haben ihren Sitz an dem künstlich angelegten See **Lake Burley Griffin** und können bei einem Spaziergang um diesen herum mit besichtigt werden. Wenn Sie die Erkundung der Stadt von oben fortsetzen möchten, dann kann ich Ihnen eine einmalige Heißluftballonfahrt bei Sonnenaufgang wärmstens ans Herz legen.

---

*Sie sollten allerdings nicht die **Entfernungen** der einzelnen Sehenswürdigkeiten voneinander unterschätzen, denn meist scheinen diese auf der Karte viel dichter, als sie eigentlich sind. Dieses Phänomen ist übrigens in ganz Australien zu berücksichtigen.*

Eine Fahrt über eine Stadt mit einem Heißluftballon ist auf der Welt nicht oft zu finden, da genügend Grasland in jede Richtung zum Landen benötigt wird, wo auch immer der Wind hin weht. Nutzen Sie die Chance, wenn sie in Canberra sind und lassen sie sich dieses besondere Erlebnis nicht nehmen.

NEW SOUTH WALES – WO CAPTAIN JAMES COOK AUSTRALIEN ENTDECKTE

Unsere Reise durch Australien geht in dem Staat New South Wales weiter, welcher 1770 von dem englischen Seefahrer Captain James Cook entdeckt wurde. Mittlerweile beherbergt die Region nicht nur die weltberühmte Stadt Sydney, sondern sie glänzt auch mit den zum Weltnaturerbe der UNESCO gehörenden Blue Mountains und Australiens weißesten Sandstränden. Als meist besuchter Staat im ganzen Land waren bereits etliche Reisende von New South Wales gefesselt und fasziniert.

Fragt man in den unzähligen Hostels nach beliebten Reisezielen, so wird so gut wie immer **Byron Bay** genannt. Die östlichste Stadt auf dem australischen Festland strotzt vor fetzigen Aktivitäten, aber man kann sich dort genauso gut entspannen und die wunderschönen Strände oder den üppigen Regenwald genießen.

Die **Blue Mountains**, welche von Sydney aus in einer zweistündigen Autofahrt erreicht werden können, werden Sie schlichtweg für die Natur dieses Erdteils begeistern.

---

*Eine Wanderung durch die **Blue Mountains** und die anliegenden malerischen Dörfer wird auch die letzten Zweifler für die natürliche Schönheit Australiens begeistern.*

Wenn Sie eine Auszeit von der hektischen Stadt benötigen, werden Sie bei einer Expedition zu den **Three Sisters** die gewünschte Entspannung finden und mit frisch getankter Lebensenergie Ihre Reise fortsetzen können.

Das vorher schon erwähnte kleinste Gebiet Australiens, das **Jervis Bay Territory**, steht seinen großen Geschwistern trotz der geringen Fläche in keiner Weise etwas nach. Die weißesten Strände, die Sie in Australien finden können, gepaart mit dem klaren und türkisfarbenen Wasser, werden Ihnen keine andere Wahl lassen, als sich hier eine frische Abkühlung im Meer zu gönnen.

Sydney

Es kursieren bereits unendliche Informationen über Sydney im Netz und genau deshalb möchte ich den Teil über diese wunderbare Stadt in diesem Buch kurzhalten. Ist Sydney es wert, besucht zu werden, wenn man in Australien ist? Ist an dem ganzen Hype etwas dran? Auf jeden Fall! Sydney ist und bleibt ein Must-See, die Stadt ist bestimmt auch etwas für Ihre Urlaubsplanung.

Mit einem Besuch der **Harbour City** können viele Fliegen mit einer Klappe geschlagen werden: von hier aus haben Sie nicht nur Zugang zur am häufigsten fotografierten Sehenswürdigkeit Australiens, dem **Opera House**, sondern auch zur **Harbour Bridge**. Aber auch der **Royal Botanic Garden** ist ganz in der Nähe und bietet eine tolle und kostenlose Möglichkeit für das Fotografieren der beiden zuvor genannten weltberühmten Sehenswürdigkeiten. Zu Fuß kann von hier aus auch die **St. Mary's Cathedral** erreicht werden, welche weltweit eine der schönsten neogotischen Kirchen ist, die aus Sandstein erbaut wurde.

Bei einem schönen Spaziergang durch **Sydneys Royal Botanic Garden** *werden Sie nicht nur Flora und Fauna mit Ihrer Kamera einfangen können, denn der Park bietet auch eine hervorragende Möglichkeit von Weitem das* **Opera House** *gemeinsam mit der* **Harbour Bridge** *auf einem Foto zu verewigen.*

In der Harbour City wird ein beliebter Service angeboten, und zwar der **Bridge Climb**. Mit einem Guide können Sie morgens, mittags, abends oder sogar nachts die Harbour Bridge erklimmen und die unglaubliche Szenerie der Stadt genießen. Sie werden dieses unvergleichbare Abenteuer und diese besondere Perspektive garantiert nie vergessen.

Den Einkaufsfans unter den Besuchern wird das **Queen Victoria Building** sehr gefallen. Das im viktorianischen Stil erbaute Kaufhaus nimmt einen ganzen Häuserblock in Sydney ein und lädt zum Schlendern und Shoppen ein.

Wer Sydney kennt, kennt auch den **Bondi Beach**. Das ist schlichtweg DER Strand der Stadt und wird weltweit als einer der Besten in der Surf-Szene angesehen. Nicht nur baden und surfen macht dort Spaß, sondern auch das Erkunden des nahegelegenen **Bondi Walks**.

NORTHERN TERRITORY – DAS RED CENTRE HAUTNAH ERLEBEN

Unendliche Weiten, unendlicher roter Sand, unendliche Möglichkeiten. Im Northern Territory wird Ihnen nach Ihrem New South Wales Besuch zunächst die unglaubliche Diversität Australiens bewusst, denn wenn man in der trockenen Wüste steht, scheint ein Regenwald im gleichen Land wie Utopie. Ohne Zweifel werden Sie nun erkennen, warum das Land weltweit auch ‚der rote Kontinent' genannt wird.

Darwin
Darwins Wetter ist traumhaft: ganzjährig warm und hauptsächlich trocken, nur von November bis Januar wird es nochmal so richtig heiß. Die Stadt ganz im Norden des Landes wurde bereits mehrfach durch ihre Lage von Zyklonen zerstört und wiederaufgebaut, das tat allerdings der fröhlichen Stimmung der dort lebenden Menschen keinen Abbruch. Darwin ist bekannt für seine lockere und entspannte Atmosphäre, hier kann man super relaxen und die Seele

baumeln lassen, aber ohne, dass Ihnen dabei langweilig wird.

Genießen Sie einen ruhigen Nachmittag am **Mindil Beach** *und erleben Sie, wie sich der Strand innerhalb weniger Stunden zu einem sehr gut besuchten Markt bei traumhaftem Sonnenuntergang verwandelt. Große Empfehlung!*

Für die ruhigen Tage bietet sich der Besuch des **Waterfront Precincts** an, welches nahe am Stadtzentrum gelegen ist und Besucher und Einheimische mit künstlichen Lagunen, einem Strand, sowie tollen Restaurants und Cafés, anlockt. Wenn die Lust auf ein abendliches Unterhaltungsprogramm aufkommt, hat Darwin auch dann etwas zu bieten: das **Deckchair Cinema** bietet die neuesten Filme, welche in einer einzigartigen Location unter freiem Himmel in Liegestühlen geschaut werden können. Es fehlt dann nur noch ein exotischer Cocktail und das Urlaubsfeeling ist perfekt. Darwins **Mindil Beach Sunset Markets** sind wahrlich das Highlight und dürfen bei einem Besuch der Stadt auf keinen Fall verpasst werden. Jeden Donnerstag und Sonntag in der Trockenzeit können Sie an den kleinen

Ständen vorbeischlendern und allerlei Kost aus aller Welt erwerben, welche Sie dann bei einem anmutigen Sonnenuntergang am Strand verkosten können. Ansonsten kann auch lokale Kunst und handgemachter Schmuck erworben werden.

Sie suchen das ultimative Erlebnis mit Krokodilen, welches Ihr Herz höherschlagen lässt? Nehmen Sie an einer Krokodilfütterung der **Jumping Crocodile Cruise** *auf dem Adelaide River teil und werden Sie Zeuge davon, wie die Riesenechsen für Ihre Mahlzeit direkt neben Ihnen imposant aus dem Wasser springen.*

Von Darwin aus werden unzählige Touren, ob für nur für einen oder auch mehrere Tage, in die nahegelegenen Nationalparks angeboten. Das Highlight ist hier ganz klar der **Litchfield Nationalpark**, bekannt für seine zahlreichen paradiesischen Felsenpools und die monströsen **Magnetic Termite Mounds**. Natürlich darf auch der **Kakadu Nationalpark**, welcher als Australiens größer und als Welterbe registrierter Nationalpark bekannt ist, nicht unerwähnt bleiben. Sind Sie ein Fan von spannenden Roadtrips, bei denen einmalige Erlebnisse garantiert sind? Dann ist das ein Ziel, welches Sie unbedingt mit in Ihre Reiseplanung aufnehmen sollten, denn die besten Ziele sind hier Offroad zu finden.

Uluru

Kann eine Reise zum Kontinent überhaupt komplett sein, wenn man den weltberühmten Uluru nicht gesehen hat? Diese Frage kann natürlich jeder nur für sich selbst beantworten, aber für meinen Teil ist dieser Fels, welcher auch Ayers Rock genannt wird, absolut einmalig auf unseren Planeten.

*Da im Zentrum des Landes im Sommer extreme Hitze entstehen kann, empfehle ich Ihnen die Zeit von **Mai bis September** für den Besuch der Umgebung rund um den Uluru. Die Temperaturen werden immer noch über 30°C liegen, aber die Wahrscheinlichkeit für trockene und nicht zu heiße Tage ist hier am höchsten.*

Die vielfältigen Farben des magischen Sandsteinmonoliths variieren je nach Sonnenstand und im Zusammenspiel mit der umgebenen Landschaft beschert der Uluru intensive Gänsehautmomente. Außerdem besitzt er eine hochinteressante Geschichte, welche von den Aborigines bei Touristentouren auch heute noch für die Besucher leicht verständlich verbreitet wird.

Für Australiens Ureinwohner ist diese Region ein ganz besonderer Ort mit spirituellen und kraftspendenden Eigenschaften. Die Legende besagt, dass der sich der Uluru als ein heiliges Objekt aus der Erde emporhob, als ein Streit zwischen den dort vor langer Zeit ansässigen Stämmen der Mala und Kunia mit Verwüstung und Tod als Resultat, entstand. Das geheimnisvolle Ereignis versteinerte die Streitenden, welche auch heute noch als Geister den Uluru bewachen. Durch die über Jahrhunderte hinweg auf dem Felsen verewigten Bilder und Szenen stellt der Monolith ein geschichtliches Zeugnis der Aborigines dar, welches uns heute Aufschluss über die Kultur und Glaubenssätze der Ureinwohner gibt.

Die Suche nach einer Unterkunft im **Ayers Rock Resort**, ob direkt unter dem Sternenhimmel oder in einem Luxusquartier, ist nicht schwer. Ganz im Gegenteil finden sich ganz nah an diesem mystischen Ort die unterschiedlichsten Schlaf- und Verpflegungsmöglichkeiten, welche auf die große Nachfrage von Touristen und Backpacker aus der ganzen Welt mit unterschiedlichen Angeboten für jedermann eingehen.

Wenn Sie gedacht haben, dass es im Zentrum Australiens lediglich den Ayers Rock zu sehen gibt und ansonsten nur das eintönige Outback, dann würde ich Ihnen raten, mehrere Tage in dieser Region einzuplanen, was sich absolut lohnen wird. Ein Roadtrip zu den unterschiedlichen Destinationen ist bereits ein Abenteuer an sich. Der Uluru ist übrigens nicht der einzige Fels, der aus der ansonsten sehr flachen Landschaft so abnormal herausragt, auch der **Kata Tjuta** offenbart surreale und faszinierende Felsformationen. Um diese Sehenswürdigkeiten herum erstreckt sich der Nationalpark, dessen Name sich aus beiden zusammensetzt. In dieser Region findet sich auch der beeindruckende **Kings Canyon**, welcher von etlichen Touristen tagtäglich erkundet wird.

Als 'Tor zum Australischen Outback' bekannt, ist **Alice Springs** wie eine Oase in der Wüste, die als Drehkreuz für das Red Centre agiert. Von hier aus kann man hervorragend mit dem Auto oder dem Bus die Naturwunder erkunden und den Kontinent von einer schier endlosen Perspektive kennen lernen.

QUEENSLAND – SOMMER, SONNE, SURFEN

Es wird auf unserer Reise noch einmal so richtig sonnig und tropisch. Als zweitgrößter Staat Australiens ist Queensland fünf Mal größer als Deutschland, gleichzeitig leben aber in Deutschland 17 Mal mehr Menschen. Als einer der schönsten und vielfältigsten Teile im Nordosten Australiens, ermöglicht dieser Bundesstaat einen Einblick in das Outback im Landesinneren und den üppigen Regenwald, bietet aber auch weiße Sandstrände und traumhaftes türkisfarbenes Meer. Eine endlose Aneinanderreihung von Küstenstädten, bei der ein Ort schöner ist als der andere, sowie trockene Wüstenareale und beeindruckend sonnige Gebirgslandschaften verdeutlichen, dass der Spitzname ‚Sunshine State' wahrlich den Nagel auf den Kopf trifft. Im Folgenden werde ich Ihnen nun eine komprimierte Liste mit den meiner Meinung nach besonders sehenswerten Orten geben, welche sich an der Ostküste in Queensland, im Norden beginnend, entlangziehen.

*Nutzen Sie ruhig eine **Fahrt entlang der Küste** in Queensland als Fortbewegungsmittel. Die lokalen Busunternehmen bieten diesen Service für kleines Geld an und Sie haben die Chance nicht nur von einer tollen Sehenswürdigkeit zur Anderen zu gelangen, sondern dabei auch noch die wunderschöne Landschaft zwischen den Orten zu genießen.*

Cairns

Als voller Lebenslust bekannte Stadt ist Cairns eines der beliebtesten Reiseziele in Australien. Zahlreiche Freizeitaktivitäten und Sehenswertes in der näheren Umgebung ziehen besonders abenteuerlustige Backpacker wie magnetisch an. Da Cairns selbst keinen Strand besitzt, empfiehlt es sich für die Badebegeisterten, einen Blick nördlich oder südlich der Stadt zu werfen, sollte Ihnen die künstlich angelegte, mit Meereswasser gespeiste Schwimmlagune nicht reichen. An dieser vorbei verläuft die Strandpromenade **Esplanade**, welche mit unzähligen lebhaften Cafés und Restaurants gespeist ist, die diverse Köstlichkeiten und kulinarische Spezialitäten zum Schlemmen auf ihren Speisekarten anbieten. Ein solches traumhaftes Dinner kann im Anschuss mit einem Spaziergang entlang der Strandpromenade bei ganzjährig sommerlicher Wärme verbunden werden.

Der älteste Regenwald der Welt, der **Daintree Rainforest**, ist mit den abwechslungsreichsten Pflanzen- und Tierarten der Welt gesegnet und dadurch ein absolutes Must-see für alle Naturbegeisterten. Während eines Tagestrips ab Cairns kann der Daintree Rainforest ganzjährig leicht in zwei Stunden Autofahrt erreicht werden. Hier erwarten Sie zahlreiche Aktivitäten, bei denen Ihnen die Historie des Areals nähergebracht wird oder Sie bei einer Wanderung Zeit für die kleinen Details des Waldes finden. Bootsfahrten entlang des **Daintree River** sind eine beliebte Unternehmung, wenn Sie jedoch dieses einmalige Ökosystem einmal von einer anderen Perspektive erleben wollen, dann sollten Sie bei einer Seilrutschen-Tour durch die imposanten, tiefgrünen Baumkronen schwingen. Ein besonderer Ort ist definitiv **Cape Tribulation**, an dem sich zwei Welterbe-Stätten begegnen, harmonisch ineinander übergehen und eine Augenweide bilden: der Daintree Rainforest und das Great Barrier Reef. Machen Sie sich bereit für einen atemberaubenden

Blick auf den wunderschönen Regenwald, wie er auf traumhafte Strände mit klarem Wasser trifft, die gerade dazu einladen, innezuhalten und Zeit an diesem paradiesischen Ort zu verbringen.

Cairns ist ein beliebtes Tor zum größten Korallenriffsystem der Welt: dem **Great Barrier Reef**.

---

*Das Wetter ist ausschlaggebend, ob ein Besuch des Great Barrier Reefs möglich ist. Die beste **Reisezeit** ist von Juni bis Oktober, wenn die Tage angenehm warm und trocken sind. Im australischen Winter ist außerdem die Quallen-Saison beendet, was sie unbedingt bei allen Wasseraktivitäten im Nordosten beachten sollten!*

Dieses ist hier viel Näher gelegen als im mittleren Queensland und so bietet sich eine Tagestour mit segeln, schwimmen, schnorcheln und tauchen regelrecht an. Das seit 1981 von der UNESCO zum Weltnaturerbe ernannte Ökosystem bestehend aus Riffen, Sandbänken und Inseln, erstreckt sich über eine Länge von 2.300km und hat eine beeindruckende Gesamtfläche von knapp 35.000km^2 entlang der Küste von Queensland. Die auf etwa 10.000 Jahre alt geschätzten Areale bieten einen Lebensraum für tausende Korallenarten, welche in einer lebensnotwendigen Symbiose mit einigen Algenarten leben und Schutz für eine große Tierwelt bieten. Wussten Sie, dass sechs der sieben existierenden Meeresschildkrötenarten hier vorkommen? Diese teilen sich diese außergewöhnliche, ganz eigene Welt unter anderem mit Seekühen, Haien und Walen. Mit seinem vielfältigen Angebot ist Cairns die Anlaufstelle Nummer eins für diejenigen, welche das Great Barrier Reef von ganz nah erleben wollen. In der Stadt vertreten sind unterschiedliche Shops, die geführte Schnorchel-Touren und Tauchkurse anbieten und dabei einen großartigen Einblick in die Unterwasserwelt voller bunter Farben und Formen ermöglichen.

Sie möchten dem Paradies ganz nahe sein? Dann finden sie dieses auf den zum Great Barrier Reef gehörenden **Whitsunday Islands**. Segeln sie inmitten der idyllischen Inseln und erleben sie hautnah den weißesten Quarzsandstrand des Planeten, den **Whitehaven Beach**, bei einer geführten Tour – ein einmaliges Ereignis. Wandern können Sie auf dem **Thorsborne Trail**, welcher auch Campingbereiche beinhaltet und somit die Möglichkeit bietet, sich bei einem längeren Aufenthalt mit der Natur zu verbinden. Denken Sie an spektakuläre Sonnenauf- und Untergänge, klare Nächte bei Mondschein, einsame Strände und reine Luft. Es wird sich Ihnen die heimische Tierwelt von der besten Seite eröffnen: Schmetterlinge, Krokodile, Schildkröten, Delfine und viele mehr – es ist unmöglich, jede einzelne der besonderen Arten aufzuzählen.

Airlie Beach ist ein weiterer lebhafter Küstenort mit Zugang zum Great Barrier Reef. Dank der ganzjährigen Wärme können auch hier sämtliche Wassersportaktivitäten ausprobiert werden, zusammen mit sagenhaften Palmenstränden und Straßenrestaurants mit unbeschwerter Atmosphäre, ist Airlie Beach der perfekte Fleck für Urlaub und Entspannung.

Brisbane

Die Hauptstadt des Bundesstaates Queensland ist als drittgrößte Stadt nach Melbourne und Sydney ein Ziel, das es wert ist, besucht zu werden. Brisbane ist das Zuhause von etwa 2,4 Millionen Einwohnern, somit lebt fast die Hälfte der Bewohner des Sunshine States in diesem Zentrum. Bei einem Aufenthalt erwartet Sie eine abwechslungsreiche kulturelle Szene mit der **Queensland Art Gallery** und der **Gallery of**

Modern Art für die Kunstbegeisterten unter Ihnen, aber auch eine rege Konzert- und Theaterszene.

Die moderne und hippe **Queen Street Mall** im Central Business District (CBD) ist der beste Anlaufpunkt im Bereich Shopping. Neben Einkaufsgeschäften reihen sich hier auch zahlreiche gastronomische Einrichtung aller Arten wie Perlen auf einer Kette.

*Die **Collective Markets** finden jeden Freitag, Samstag und Sonntag im Stadtzentrum statt. Sie sind eine attraktive Möglichkeit, um beim Schlendern zwischen Ständen gefüllt mit lokalem, handgemachtem Schmuck, Kunst Antiquitäten und Vintage-Mode, den Abend ausklingen zu lassen.*

Bei einem Spaziergang am Flussufer der **South Bank Parklands** begegnet man morgens häufig Joggern, welche bei ihrem Morgensport den Blick auf geschmackvoll angelegte Parkanlagen auf der einen Seite und den **Brisbane River** und die imposante, hervorragende Skyline der Stadt auf der anderen Seite werfen können. Die Grünanlagen am Flussufer sind elegant gestaltet und bringen grünes Leben ins CBD. Daran anschließend befinden sich auch ein künstlich angelegter Strand und sogar ein

Riesenrad, mit dem Sie einen ausgezeichneten Überblick über die Stadt erhaschen können. Diese Aussicht kann allerdings auch von einer sitzenden Position aus genossen werden, denn entlang des Gewässers finden sich Anbieter für Bootstouren und Fähren, die ganze Stadtareale abdecken. Dabei werden Sie an Brisbanes imposantesten Gebäuden vorbeiziehen und früher oder später unter der markanten **Story Bridge** durchfahren. Sollten Sie noch nicht genug vom Schnorcheln und Tauchen am Great Barrier Reefs haben, kann ich Ihnen einen weiteren Ort für diese Wasseraktivität empfehlen: Als eine von Brisbanes idyllischen Inseln kann **Merton Island** nicht nur als weltweit drittgrößte Sandinsel mit magischen Lagunen überzeugen, sondern bietet auch eine einmalige Szenerie. Hier befinden sich ganz dicht am Strand die insgesamt 15 **Tangalooma Wracks**, welche seit Mitte des 20. Jahrhunderts ein einzigartiges Ökosystem beherbergen. Bei einer geführten Tour könnten Sie nicht nur in die Tiefen des Wassers eintauchen, sondern auch in die spannende Geschichte der Schiffwracks.

Gold Coast

Nehmen Sie sich ruhig ein paar Tage Zeit, um die sonnenverwöhnte Gold Coast und ihre Umgebung kennenzulernen, denn hier macht der Urlaub richtig Spaß. Sie können entweder exzessives Sightseeing betreiben, sich bei sportlichen Aktivitäten fordern oder einfach mit einem Cocktail am Strand liegen. Sie können auch einfach alles machen.

---

*In Surfers Paradise sorgt das **SkyPoint Observation Deck** für einen atemberaubenden Blick auf die Gold Coast und ihre charakteristischen Strände. Für den extra Nervenkitzel können besonders Mutige beim höchsten Skywalk Australiens das Q1 Resort Building erklimmen.*

Die Gold Coast wird verehrt für ihre typischen Strände. Diese ziehen sich über 58km an der atemberaubenden Skyline der Stadt entlang, wobei sie kein Stück ihrer Schönheit verlieren. Wenn Sie mir nicht glauben, dann sollten Sie den fesselnden Blick aus dem imposanten Skyscraper, dem **Q1 Resort Building**, auf keinen Fall versäumen. Obwohl die Gold Coast durch die kinderfreundlichen Attraktionen und Freizeitparks bei Familien beliebt ist, wie zum Beispiel **Dreamworld** oder **Wet'n'Wild**, finden hier auch Feierwütige eine angeregte Partyszene mit täglich geöffneten Clubs und Bars vor. Wer das Zentrum des Gold Coast **Surfers Paradise** besucht, kommt fast nicht darum herum, im anliegenden Pazifik surfen zu gehen. Ob als Anfänger mithilfe eines Lehrers oder als talentierter Profi wird schnell klar, dass der Name Programm ist. In Surfer-Kreisen blieb dieser magische Küstenabschnitt nicht lange unentdeckt und heutzutage werden einmal im Jahr im April dank der fantastischen Bedingungen die Events Quicksilver und Roxy Pro Gold Coast veranstaltet. In **Coolangatta** kommen die besten Surfer der ganzen Welt zusammen und bereiten sich durch diese hochdotierten Wettbewerbe auf die Weltmeisterschaften der Männer und Frauen vor.

Bei all den städtischen Attraktionen soll das Hinterland der Gold Coast nicht unerwähnt bleiben, denn dieses ist mit seinen atemberaubenden Aussichtspunkten mindestens genauso sehenswert. Ausgezeichnete Wander- und Radwege führen in subtropische Regenwälder und zu reißenden Wasserfällen. Der **Gold Coast Hinterland Great Walk** stellt eine der zur Auswahl stehenden Routen im **Springbrook National Park** da und kann innerhalb von drei Tagen zu Fuß erkundet werden.

Bei all diesen Gründen, die Gold Coast kennen- und lieben zulernen, ist es kein Wunder, dass die Stadt jährlich von etwa 10 Millionen Besuchern besichtigt wird.

SOUTH AUSTRALIA – KÄNGURUS RUFEN!

Wie Sie lesen konnten, gibt es in Queensland sehr viel zu sehen. Gehen wir nun in den Süden des Kontinents.

*Für den Süden empfiehlt sich die **Besuchszeit** von Oktober bis April, wenn die Tage im Sommer weder drückend heiß noch die Nächte im Winter eiskalt sind.*

Als einer der acht Staaten hat auch South Australia Zugang zum tiefroten Outback, freuen Sie sich auf lokale Güter und Tiere wie Kängurus, die sich hier besonders gerne herumtreiben. Trotz der dreifachen Fläche Deutschlands, welche South Australia einnimmt, leben hier nur etwa 1,7 Millionen Menschen, von denen etwa 1,3 Millionen die Hauptstadt Adelaide ihr Zuhause nennen. Die größten

Wirtschaftszweige des Bundesstaates sind der Bergbau, die Herstellungsindustrie und die Landwirtschaft.

Betrachtet man die Temperaturen des Staates, so findet man hier die heißesten, aber auch kältesten Messungen, die in Australien festgestellt wurden. Der Süden entlang der Küsten erlebt ein mediterranes Klima mit warmen, trockenen Sommern, sowie milden Wintern. Weiter nördlich allerdings sind im ariden, kontinentalen Wüstenklima extreme Temperaturunterschiede keine Seltenheit. So wurde hier die höchste, jemals gemessene Temperatur des Kontinentes 1960 mit 50,7°C erreicht. Im Jahr 1976 betrug der kälteste Wert hier -8,2°C.

Der **Murray River** ist der größte Fluss auf dem gesamten Kontinent und der Einzige, der permanent strömt. Er haucht der ansonsten dürren Region Leben ein und beschenkt sie mit fruchtbarem Land, das von allem für den Weinanbau genutzt wird.

Das Gebiet der **Flinders Ranges** und das **Outback** nehmen mehr als zwei Drittel South Australias ein. Bei dem Bergland handelt es sich um den größten Gebirgszug des Festlandes. Die Gegend ist hervorragend mit einem Auto zu erkunden, aber auch ein Trip mit dem Mountainbike ist eine beliebte Aktivität und sogar für Wanderer finden sich hier geeignete Strecken. Große, jedoch meist durch die extremen Wetterbedingungen ausgetrockneten Salzseen, wie der bekannte **Lake Eyre** und **Lake Torrens**, sind tief im Outback gelegen. Mit genügend Vorbereitung allerdings ist dieses imposante Landschaftsbild durchaus zu empfehlen. Besonders nach starken Regenfällen transformiert sich die sonst so karge Einöde in einen von Tieren belebten Ort.

Adelaide

Während im Norden South Australias der Staub und die Hitze des Outbacks nur robustes Leben erlauben, besiedeln die meisten Einwohner das verstädterte Gebiet um Adelaide und den fruchtbaren Südosten. Trotz der Tatsache, dass die Hauptstadt des Bundesstaates lange als spießig und charakterlos galt, hat sie sich heutzutage in einen niveauvollen und gebildeten Ort verwandelt. Die ‚Stadt der Festivals‘, wie sie liebevoll genannt wird, ist nicht mit einer lärmenden und gestressten Betonsiedlung vergleichbar, ganz im Gegenteil lockern die vielen Kirchen, die hübschen Parkanlagen und die lässigen Bewohner die Atmosphäre auf. Lebendig, modern und abwechslungsreich sind ebenso zutreffende Adjektive für den angesehenen Badevorort **Glenelg**. Das beliebte Touristenziel kann durch die einzige in Adelaide noch verkehrende Straßenbahn, unkompliziert erreicht werden.

Von hier aus starten auch Delfinbeobachtungstouren, nehmen Sie sich die Zeit und erleben Sie diese besonderen Wesen in ihrem natürlichen Lebensraum. Die durch das Schachbrettmuster sehr übersichtlich gestaltete und verhältnismäßig kleine Innenstadt Adelaides wird vor allem als seriöser Geschäftsbezirk genutzt, aufgelockert durch den **River Torrens** und den **Parklands**, welche das CBD in einem grünen Ring umgeben. Für ein kulturelles Erlebnis in der Stadt ist ein kostenloser Besuch des **South Australian Museums** lohnenswert, denn hier werden Sammlungen verschiedener Objekte der Aborigine-Kultur und ein Discovery Centre ausgestellt. Nationale und internationale Meisterwerke können in der **Art Gallery of South Australia** bestaunt werden. Shoppingbegeisterte kommen in der Einkaufsmeile der Stadt, der **Rundle Mall**, auf ihre Kosten und nicht weit entfernt haben unzählige Clubs und Bars für alle Nachschwärmer geöffnet.

Hier werden unter anderem Spirituosen wie lokaler Wein angeboten, der aus Trauben hergestellt wird, die in den international bekannten Weinanbaugebieten Barossa Valley, Clare Valley oder McLen Vale, geerntet werden. Wenn Sie in Adelaide sind, ist die Wahrscheinlichkeit nicht besonders hoch, dass gerade kein Festival veranstaltet wird. Ob Sportwettbewerbe, Kunstevents, oder Autoshows – die Bewohner lieben ihre Feste so sehr, dass hier die ganze Hauptstadt mitfiebert und mitfeiert. Bei der großen Auswahl wird sicherlich auch etwas Spannendes für Sie dabei sein.

Kangaroo Island

Kangaroo Island liegt etwa 112km südwestlich von der Hauptstadt Adelaide und ist mit dem Festland über die Fähre Sealink am Cape Jervis verbunden. Sie ist bekannt für Ihre rege Tierwelt und die einzigartige Natur, unter anderem vereint im **Flinders Chase National Park**. Die noch recht verschlafene und provinzielle Gegend zeichnet sich durch die besonderen Fahrwege aus, welche zwischen den dicht bewachsenen Wälder, dessen Bäume und Sträucher weit in die kahlen Straßenstreifen hineinragen, die kleinen Orte und Sehenswürdigkeiten miteinander verbinden.

Erleben Sie Adelaide, wenn eines der berühmten **Festivals** *veranstaltet wird. Die ganze Stadt blüht auf und feiert mit – die Atmosphäre ist einmalig!*

Die etwa 4.500 Menschen, die auf der 155km langen und 55km breiten Insel lebenden, werden für ihren fruchtigen Wein und ihren von fast ausgestorbenen Bienen stammenden, würzigen Honig, verehrt. Wegen des Bienenschutzes ist übrigens das Mitbringen von Bienenprodukten vom Festland verboten. In **Kingscote** und im Fährhafen **Penneshaw** konzentriert sich das menschliche Leben. Sollten Sie einen Roadtrip planen, denken Sie daran, hier noch einmal zu tanken und eventuell Verpflegung zu besorgen. Ich würde Ihnen auch empfehlen, auf den Straßen nicht schneller als 60 km/h zu fahren, denn durch die dichten Grünflächen sind plötzlich über die Straße laufende Tiere erst sehr spät zu erkennen, wobei dieses Risiko nachts weiter ansteigt.

Der **Flinders Chase National Park** ist ein absolutes Muss auf Kangaroo Island. Nicht nur der **Admiral Arch**, der Tropfsteinbogen mit seinen Seelöwen, sollte hier als Ziel angesteuert werden, sondern auch die beliebten **Remarkable Rocks**, die sich auf einer Klippe befinden. Die imposant geformten Granitblöcke direkt am Ozean sind nicht nur ein Highlight für sich, sondern auch der atemberaubende Blick, der sich Ihnen eröffnen wird. Das ‚Galapagos Australiens' beherbergt auch weitere, unberührte Orte, wo sich die Seelöwenkolonie nach der anstrengenden Nahrungssuche am Strand ausruht, und zwar an der **Seal Bay**.

*Die **Stokes Bay** im Norden mit einem, durch Felsen gebildeten, riesigen Naturpool ist ein wahrer Geheimtipp. Es kann nicht nur eine ungestörte Aussicht genossen werden, sondern auch ein Blick ins Wasser lohnt sich, in dem schon häufig kräftig orange leuchtende Seesterne gesichtet wurden.*

Ein erhöht angelegter Steg ermöglicht es Besuchern, mitten in der größten Ansiedlung dieser verschlafenen Tiere zu stehen, sie zu beobachten und sich an ihren süßen Gesichtern zu erfreuen, ohne sie dabei aber zu stören. Sie wollen Australiens berühmtesten Tiere, Koalas, Emus und Kängurus, endlich einmal mit eigenen Augen sehen? Dann ist die Insel genau das Richtige für Sie. Diese Geschöpfe leben hier ungestört zu abertausenden, aber auch auf die sonderbaren Schnabeligel und Pinguine können Sie mit etwas Glück einen Blick werfen. Bei der **Little Sahara** ist der Name Programm. Ja, Sie haben richtig gehört, etwa 55km südwestlich des Orts Kingscote befindet sich eine kleine Wüste mit bis zu 40m hohen Dünen aus weißem Sand, inmitten der ansonsten stark bewachsenen Gegend tauchen sie wie aus dem Nichts auf.

TASMANIEN – TRAUMZIEL FÜR NATURLIEBHABER

Nach Kangaroo Island habe ich hiermit gleich noch ein Ziel für alle Naturliebhaber. Auch Tasmanien sollte bei einer Australienreise ganz oben auf der Liste stehen. Die Insel, welche auch gleichzeitig einen der acht Bundesstaaten des Kontinents darstellt, wird häufig dank der geografischen Nähe mit Neuseeland verglichen. Die natürlichen Landschaften und das Wetter der Inseln sind durchaus vergleichbar. Sollten Sie also keine Zeit für einen Flug nach Neuseeland haben, empfehle ich Ihnen zumindest Tasmanien.

*Tasmanien ist **Neuseeland** sehr ähnlich. Die unberührte, grüne Natur weist Eigenschaften der nördlich gelegenen Inselgruppe auf und gibt einen guten Einblick in ihr landschaftliches Bild.*

Auf der australischen Insel betragen die Temperaturen im Sommer etwa 10°C bis 20°C und im Winter 1°C bis 10°C. Die ‚Roaring Forties", der 40. Breitengrad, auf dem sich die Insel befindet, sorgt mit seinen sauberen Winden für häufig auftretende und plötzliche Wetterveränderungen, sodass sich der Sommer in dieser Region mit wärmeren Temperaturen, weniger Regen und mehr Sonnenschein, als die beste Reisezeit herausgestellt hat.

Die Winde der Roaring Forties schenken ganz Tasmanien eine unglaublich klare und saubere Luft. Das ist nicht nur die beste Voraussetzung für eine Erkundungstour zu Fuß, auch die Erzeugnisse der lokalen Landwirtschaft dankt es ihnen mit frischen Produkten bester Qualität. Probieren Sie bei einem Dinner unbedingt den Wein und den Käse der Region, den Whisky und selbstgebraute Biere, aber auch Fisch und Meeresfrüchte gehören zu den Spezialitäten der stolzen tasmanischen Restaurants.

Die australische Insel ist der einzige verbliebene Ort auf dem gesamten Planeten, an dem Sie den **Tasmanischen Teufel** mit eigenen Augen begegnen können. Seinen Namen besitzt er nicht umsonst, denn seine Ohren, die sich bei Erregung rot färben, sein sehr unangenehmer Körpergeruch, sein lautes Kreischen und sein aggressives Verhalten gegenüber allem, was ihm begegnet, machen ihn nicht gerade zu einem freundlichen Wesen. Wenn Ihre Neugier diesem Geschöpf gegenüber trotzdem noch größer ist als die Angst vor dem Teufel, bietet sich mit dem **Bonorong Wildlife Sanctuary** eine hervorragende und erlebnisreiche Möglichkeit, dieses Tier einmal live zu erleben.

Es gibt einige Orte, welche Sie definitiv nicht verpassen sollten. Der **Cradle Mountain** im Westen zum Beispiel stellt über den See **Dove Lake** ein traumhaftes Fotomotiv dar. Hier kann fleißig gewandert werden, entweder über den Rundwanderweg **Dove Lake Circuit**, welcher Ihnen einen Rundumanblick über den berühmtesten Berg Tasmaniens bietet oder sogar zum **Marions Lookout**, ein anmutiger Ausblick wird versprochen. Entlang der Ostküste bescheren Ihnen weitere Sehenswürdigkeiten, wie die Bay of Fires und die Wineglass Bay, ein unvergessliches Erlebnis. Während Sie feuerrote Felsen, die auf klares, hellblaues Wasser treffen, in der **Bay of Fires** vorfinden, kommen Sie in der **Wineglass Bay** so richtig in Urlaubsstimmung. Nach einem kurzen Spaziergang gelangen Sie zu einer Aussichtsplattform, die Ihnen den Blick auf ein paradiesisches Bild ermöglicht: Ein weißer, perfekt gebogener Sandstrand trennt das satte Grün des dichten Waldes vom türkisfarbenen Meereswasser – ein Anblick zum

Ausharren und Genießen.

Hobart

Haben Sie genug von der Natur der doch recht beschaulichen Insel, lohnt sich ein Besuch in Hobart, Tasmaniens Hauptstadt. Dank der Lage ist man hier als Europäer wahrlich am anderen Ende der Welt und somit weit entfernt vom Lärm und Stress der Millionenstädte. Mit nur 215.000 Einwohner ist Hobart immerhin die 11. größte Stadt Australiens.

Bewundern Sie das kostenfreie MONA, das **Museum of Old and New Art**, welches nicht nur durch die Lage am Wasser auffällt, sondern auch durch die Kunst an sich, die Sie so bestimmt noch nirgends erlebt haben. Das zum MONA gehörende Restaurant und der Wein- und Bierkeller bieten Ihnen Spirituosen und Leckereien, welche künstlerisch für Sie angerichtet werden. Einen Einblick in die historischen Ereignisse Hobarts erhalten Sie bei einem Spaziergang entlang der Uferpromenade. Alte Sandsteinlagerhäuser aus alten Zeiten blicken auf die **Docks** und prägen das Bild der Stadt. Auch das Viertel **Battery Point** verrät die Geschichte Hobarts, denn hier liegt ihre Gründung und der Wohlstand, welcher sich zuerst durch die Wollproduktion und den Walfang einstellte. Der Outdoor-Markt **Slamanca Market**, der jeden Samstag stattfindet, ist von hier aus nicht mehr weit und verkauft an über 300 Ständen lokale Kunst, selbstgemachtes Handwerk und vieles mehr. Für den Lebensmitteleinkauf lohnt sich der **Farm Gate Market** mit frischen und köstlichen tasmanischen Produkten und Spezialitäten.

---

*Wenn Sie in Hobart sind, sollten Sie unbedingt den **Mount Wellington** erklimmen. Der Ausblick über die Stadt wird sich absolut lohnen, besonders bei Sonnenaufgang oder - untergang.*

Gefällt Ihnen Hobart beim Durchstreifen der Straßen und Stadtteile? Dann warten Sie erstmal ab, bis die einen Blick vom **Mount Wellington** aus auf die Stadt werfen können. Nur 30 Autominuten entfernt werden Sie umgehauen von der unglaublichen Landschaft, die sich dort vor Ihren Füßen in die Ferne erstreckt.

90 Autominuten von der Hauptstadt entfernt wartet ein weiter, sehenswerter Ort auf Sie: **Port Arthur**. Tasmaniens berühmtestes Strafgefängnis führt Sie in die Ereignisse früherer Zeiten, als hier noch Kriminelle ihre Strafe absitzen mussten. Heute

allerdings bringt das beliebte Touristenziel den Besuchern eher Freude, trotz der manchmal etwas gruseligen, aber genauso spannenden Geschichten, von der Guides bei einer geführten Tour berichten. Wenn der Ausflug in die Geschichte dann doch zu furchteinflößend war, sollten Sie sich wieder auf die Gegenwart besinnen und in die im Sommer traumhaft lila blühenden **Lavendelfelder** eintauchen. Der fantastische Duft vertreibt sicherlich auch die letzten negativen Gedanken aus Ihrem Kopf.

VICTORIA – DIE LEBENSWERTESTE STADT DER WELT ERKUNDEN

Unsere gemeinsame Reise durch Australien zieht uns nach Victoria, dem wirtschaftlich zweit wichtigsten Staat des Kontinents. Der Bundesstaat mag zwar zu den kleinsten des Landes gehören, er macht allerdings mit der höchsten Bevölkerungsdichte etwa 25% der gesamten australischen Bevölkerung aus.

Ich habe ein unerwartetes Reiseziel für Sie, und zwar die **australischen Alpen**, wo Sie nicht nur die Berglandschaften erkunden, sondern auch Wintersport treiben können. Ja, Sie haben richtig gehört – es gibt Schnee in Australien und das nicht einmal wenig!

Kleine Abkühlung gefällig? Dann schnappen Sie sich Ihre Skiausrüstung und machen Sie sich auf in die **australischen Alpen**.

Besonders attraktiv ist das Bergmassiv für Skifahrer und Langläufern, denn es fällt nach Norden hin steil ab, was für australische Berge sonst eher untypisch ist. Die australischen Alpen sind ein Nationalpark im östlichen Victoria, welche sich zusammen mit zwei weiteren Teilgebieten in den **Snowy Mountains** vereinen und für Australier das Schneeparadies schlechthin sind. Der höchste Berg des Snowy-Mountains-Gebirgszugs und zugleich Australiens ist der **Mount Kosciusko** (New South Wales) mit 2.228m, welcher im Sommer für Erkundungen, Wanderungen oder Radtouren bestiegen werden kann. Im Winter erfreuen sich Wintersportler an der einzigartigen Kulisse, denn man findet auf der Welt nicht oft eine schneebedeckte Piste mit angrenzenden Eukalyptusbäumen. Dieser sogenannte Schnee-eukalyptus ist an die extremen Wetterbedingungen angepasst und ist im Sommer und auch im Winter immergrün, was das Bild dieser Bäume in einem Skigebiet noch grotesker macht.

Zu Melbournes Füßen liegt **Phillip Island**, eine Insel mit sehenswerten Tieren, denn in Australien ist nach Koalas und Kängurus noch lange nicht Schluss, auch Pinguine gehören zu den hier ansässigen Tieren. Neben diesen süßen Vögeln sind auch die genauso putzigen Robben auf der Insel Zuhause.

Phillip Island erfreut sich großer Beliebtheit, weswegen Sie von einem Besuch in den Ferien, am Wochenende, aber auch zu Melbournes großen Sportevents, darauf verzichten sollten. Der Ausflug wird an Qualität gewinnen, wenn nicht zu viele Menschen die gleiche Idee hatten wie Sie.

Great Ocean Road

Die Great Ocean Road ist nicht ohne Grund die bekannteste Reiseroute Australiens und somit bei einem Roadtrip unumgänglich.

Eine Tour entlang der Great Ocean Road bietet sich am besten im australischen **Sommer** *an, also von November bis März. Selbstverständlich hat es auch seine Vorzüge, diese Route im Winter zu erkunden. Dann ist die Strecke deutlich weniger befahren, allerdings darf keine warme Kleidung fehlen – es kann sehr frisch werden!*

Man muss aber nicht zwingend die ganze Strecke zwischen Warrnambool und Melbourne auf einmal mit einem Mietauto fahren, denn es gibt auch immer wieder praktische und günstige Angebote der V/Line, dem Bus- und Zugsystem Victorias. Diese bewältigen die Route etappenweise und legt für Touristen sogar an den schönsten Orten einen Stopp ein. Parallel zur Straße befindet sich übrigens auch der **Great Ocean Walk**, ein Weg, der Apollo Bay und Glenample Homestead verbindet und das Erleben der Strecke zu Fuß ermöglicht. Alle 15km sind für eifrige Wanderer Übernachtungsmöglichkeiten eingerichtet, allerdings sollten diese im Voraus reserviert werden.

Die weltbekannte B100 verläuft etwa 250km entlang der malerischen, aber auch rauen und wilden Südküste Victorias. Dabei reiht sich eine Attraktion an die Nächste. Sitzt man wieder im Auto, so ist der nächste Halt nicht weit, denn alle Orte scheinen zu einmalig und sehenswert, als dass man sie verpassen könnte. Auf dem Weg entlang der Straße finden Sie übrigens zahlreiche Unterkünfte und Verpflegungsmöglichkeiten, die dafür sorgen, dass Sie in vollen Zügen genießen können, was sie auf dieser Strecke erwartet. Lehnen Sie sich zurück und genießen Sie nun unseren kleinen Abstecher entlang der Great Ocean Road. Beginnen wir in **Warrnambool**, einer Stadt westlich von Melbourne.

---

*Lassen Sie sich auf keinen Fall entgehen in **Logan's Beach** ganze Walfamilien beim Vorbeiziehen zu bestaunen — machen Sie sich auf Gänsehautmomente gefasst!*

Bevor wir zu unserer Fahrt Richtung Melbourne aufbrechen, darf ich Ihnen das Whale Watching in Warrnambool nicht vorenthalten. In **Logan's Beach** können zwischen Mai und September ganze

Familien der Southern Right Walen von einer Aussichtsplattform aus bewundert werden. Die anmutigen Riesen, von deren Art es weltweit nur noch 2.000 Exemplare gibt und die demnach unter strengstem Naturschutz stehen, sind dabei nur 200m entfernt. Nach diesen atemberaubenden Momenten möchte ich mich nun mit Ihnen auf die Great Ocean Road begeben.

Die **Bay of Islands** ist unser erster Halt und gibt einen hervorragenden Vorgeschmack auf das, was sie im Verlauf der Straße erwartet.

Die einzigartige Charakteristik der Gesteinsformationen entlang des Southern Oceans ist darin begründet, dass die unterschiedlichen Schichten auch einen unterschiedlichen Erosionsgrad aufweisen. Demnach bricht der Kalkstein häufig und formt unter anderem die bekannten Brücken und Säulen. Leider werden diese beeindruckenden Gestalten aufgrund ihrer geologischen Beschaffenheit früher oder später komplett vom rauen Meer verschluckt werden.

The Grotto und die kurz darauffolgende **London Bridge** laden ebenfalls zu einem kleinen Stopp ein. Letztere ist, wie der Name schon erahnen lässt, eine Brücke aus Stein, welche zuvor sogar noch einen weiteren Bogen hatte, der mit dem Festland verbunden war. Damals war es auch gestattet, die London Bridge durch die Verbindung zu betreten, doch im Jahr 1990 brach diese zusammen, während zwei Touristen dort standen. Erst nach einem aufwendigen Rettungsmanöver mit Helikopter konnten die beiden Menschen geschockt, aber wohlauf, zum Festland zurückgebracht werden. Seit diesem Ereignis wurde die Formation von London Bridge in **London Arch** umbenannt.

Es folgen weitere Stellen, an denen Sie von der Straße aus dicht an die Klippen gelangen und von dort aus den wilden Southern Ocean erleben können. **Loch Ard Gorge** ist ein solcher Ort. Diese enge Felsenbucht im **Port-Campell-Nationalpark** hat eine spannende Geschichte. 1878 sank hier nach einer dreimonatigen Schifffahrt von Großbritannien nach Australien der Namensgeber und Klipper Loch Ard. Dabei verloren, bis auf zwei 18-jährige, alle 54 Passagieren ihr Leben. Auch dort befand sich bis 2009 ein steinerner Bogen, welcher allerdings einstürzte. Seitdem ragen nur noch die zwei einzelnen Felsenpfeiler aus dem Wasser. Diese wurden nach dem Einsturz in Tom und Eva benannt, nach den einzigen Überlebenden der furchtbaren Schiffkatastrophe im Loch Ard Gorge. Nur 7km weiter entlang der Great Ocean Road machen wir Halt an einer der absoluten Highlights: die weltberühmten **Twelve Apostles**, die meist fotografierte Sehenswürdigkeit Australiens.

Hier lohnt es sich, etwas mehr Zeit einzuplanen, um das atemberaubende Erscheinungsbild der Kalksteinformation gänzlich aufzunehmen. Dass mittlerweile nur noch 8 verbleibende Säulen an der Küste im Wasser stehen, tut dem fesselnden Anblick überhaupt keinen Schaden. Sie können dem Erlebnis noch eins drauf setzten, wenn Sie sich von den Klippen an den Strand hinunterbegeben. Dort offenbaren sich Ihnen nämlich die monströsen Ausmaße der Apostles erst so richtig.

Etwas weiter weg gelegen von der B100 befindet sich das **Cape Otway Lighthouse**. Diese Station ist die am längsten betriebene in ganz Australien und lädt zu einem großartigen Blick über den weiten Ozean ein. Bei unserm nächsten Halt gönnen wir uns eine Pause in der Stadt **Apollo Bay**, die an der Shipwreck Coast, also Wrackküste, gelegen ist. Aufgrund der zahlreichen Schiffe, die an diesem

Küstenabschnitt gesunken sind, darunter auch die Loch Ard, wurde der Stadt der eindeutige Name verliehen. Das wunderschöne und freundliche Städtchen, welches an der gleichnamigen Apollo Bucht gelegen ist, passt so gar nicht zu den düsteren Geschichten. Etliche kleine Restaurants und Cafés reihen sich entlang der Hauptstraße.

Für jeden Hungrigen ist hier etwas dabei, ob Fisch, Gegrilltes oder sogar Roh-Veganes, das alles wird hier zusammen mit dem Blick auf die Bucht angeboten. Viele Reisende finden sich am Strand wieder und genießen den Anblick oder baden im Sommer, denn Sie haben die Schönheit der Stelle bereits erkannt. Für Geschichtsinteressierte hat Apollo Bay sogar ein Museum zu bieten. Der **Marriner's Lookout** etwas weiter im Landesinneren schenkt eine wunderschöne Aussicht auf die ganze Bucht und dem darum gebauten Städtchen.

Wenn Sie sich genügend gestärkt haben, können wir energiegeladen unseren Road Trip nach **Kennett River** fortsetzen. Der Park ist bekannt für seine wilden Koalas, welche so häufig vertreten sind, dass es wirklich schwer ist, keines der Tiere in den Bäumen zu entdecken. Im Verlauf der Strecke Richtung

Melbourne verläuft die Straße immer wieder an Orten mit beeindruckenden Aussichten entlang, zum Beispiel der **Mt Defiance Lookout** bietet sich für einen kurzen Fotostopp und zum Ausstrecken der Beine an. Ein weiterer malerischer Aussichtspunkt stellt **Teddy's Lookout** dar, kurz bevor wir die Stadt **Lorne** erreichen. Der Bade- und Surf-Ort veranstaltet im Sommer einen großen Schwimmwettbewerb, bei dem zu den sonst regulären knapp 970 Einwohnern schnell einmal 20.000 Besucher dazukommen können. Hier werden Sie außerdem unter dem **Memorial Arch at Eastern View** durchfahren, welcher für alle Augen sichtbar die Grat Ocean Road markiert. Lassen Sie sich in **Aireys Inlet** nicht den **Eagle Rock Lookout** oder den **Urquhart Bluff** entgehen, bevor die einzigartige Straße offiziell ihr Ende in **Torquay** findet. Von hier aus ist die großartige Stadt Melbourne nun nicht mehr weit.

---

*Halten Sie während der Fahrt immer Ihre Augen auf, denn es ist ein befremdliches, aber herrliches Bild für uns Europäer, wenn ein paar **Kängurus** zwischen einer Rinderherde auf der Weide grasen!*

Melbourne

Melbourne wurde 1835 errichtet und war sogar bis 1927 die Hauptstadt Australiens, bis sie diesen Titel schließlich an Canberra abtreten musste. Auch wenn sie dieses Zentrum des Landes nun nicht mehr markiert, besitzt sie dennoch bis heute eine einzigartige Stellung auf dem Kontinent. Die zweitgrößte Stadt und Hauptstadt Victorias wurde dank ihres umfangreichen und vielfältigen Sport-, Kultur- und Gourmetangebotes schon mehrfach von der englischen Fachzeitschrift ‚The Economist' als die lebenswerteste Stadt der Welt gekürt.

Der **Federation Square** im Zentrum gibt einen guten Aufschluss darüber, wie die Stadt tickt. Die sehr markante Architektur umgibt eine große Veranstaltungsfläche, gespickt mit Restaurants, Cafés und Museen liegt sie dicht am **Yarra River**. Wenn Sie keine Höhenangst haben, sind Sie herzlich eingeladen, das Skydeck im 88. Stock des **Eureka Towers** hochzufahren und den besten Blick über Melbourne zu erleben. Besuchen Sie hier **The Edge** für noch mehr Nervenkitzel, denn diese Aussichtsplattform hat einen Glasboden. Reicht Ihnen eine Perspektive auf diese Stadt nicht aus, bekommen Sie eine

Weitere auf dem höchsten Riesenrad Australiens, dem **Melbourne Star Observation Wheel**, geboten. Seien Sie herzlich dazu eingeladen, im **Queen Victoria Market** durch die Stände zu schlendern.

Der mit 7 Hektar angelegte größte Freiluftmarkt der Südhalbkugel bietet von Obst und Gemüse, über Fleisch und Fisch, bis hin zu Kunstgegenständen und Kleidung, allerlei Dinge an. Finden Sie wieder zurück zur Natur und erden Sie sich im **Fitzroy Garden**. Hier steht sogar Captain Cooks Elternhaus, was zu seiner Ehre aus England importiert wurde und in diesem Park detailgetreu aufgebaut wurde. Eine tolle und praktische Möglichkeit, sich in der weitläufigen Stadt fortzubewegen, ist die **City Circle**. Die Tram umrundet nicht nur das CBD in beide Richtungen, sondern ist dabei auch noch kostenfrei.

Wenn Sie sich etwas tiefer in die Stadt begeben, werden Ihnen die vielen engen **Kopfsteinpflastergassen** auffallen. Mit bunten, künstlerischen Graffitis versehen und gemütlichen Cafés und Boutiquen ausgestattet, herrscht unter anderem in der Flinders Street, der Degraves Street oder der Little Bourke Street ein einzigartiges Flair. Melbourne beherbergt unzählige Restaurants von Star- und TV-Köchen wie

Ben Shewry oder George Colombaris. Erstklassige Gerichte von einzigartiger Qualität können in stilvoll eingerichteten Räumlichkeiten verspeist werden, vorausgesetzt Sie konnten früh genug einen Tisch reservieren. Ebenso kann im preiswerten Segment lecker geschlemmt werden, doch leider gilt auch hier: es wird schnell voll. **Rooftop-Bars** sind immer zu empfehlen, so zum Beispiel kann mit einem Cocktail in der beliebten Bar Naked in the Sky im Künstlerviertel Fitzroy der spektakuläre Blick Richtung CBD gleich noch intensiver genossen werden.

Melbourne, das als die Sporthauptstadt der Welt gilt, veranstaltete schon 1956 die olympischen Spiele und hat seitdem offensichtlich großen Gefallen an sportlichen Attraktivitäten gefunden. Auf dem **Melbourne Cricket Ground** erwarten Sie spannende Spiele der Australien Football League und die internationalen Cricket-Spiele. Aufregende Pferderennen werden in **Flemington** zahlreich besucht und für Motorsportfans ist der Australian Grand Prix im **Albert Park** ein absolutes Muss.

Kunsthistorische Ausstellungen in der **National Gallery of Victoria**, der ältesten Galerie Australiens, werden der Öffentlichkeit mit über 70.000 Werken geboten. Tauchen Sie ein in die Welt der bewegten Bilder im **Australian Centre for the Moving Image** oder schauen Sie im **Heide Museum of Modern Art** vorbei, wenn Sie vor allem an australischer Kunst interessiert sind. Als Abendveranstaltungen bieten die vielen Theater Melbournes hervorragende Unterhaltung mit Comedy-Shows, Musicals oder Kabarett. Live-Musik finden Sie in den zahlreichen Clubs im Herzen der Stadt.

WESTERN AUSTRALIA – UNENDLICHE WEITEN

Zum Abschluss unserer kleinen Reise werden wir uns in den größten Bundesstaat begeben, nämlich nach Western Australia. Hier werden Sie noch einmal den Kontinent charakterstark in seiner ganz typischen Pracht bestaunen dürfen – machen Sie sich gefasst auf Australien Pur.

Western Australia nimmt den Westen des Landes komplett ein, was etwa ein Drittel der Gesamtfläche des Kontinents entspricht. Wie Sie vermutlich auch schon in den anderen Bundesländern erkannt haben, leben die Menschen vor allem in den verstädterten Bereichen.

---

*Die Monate von **September bis März** sind am besten für eine Erkundung des Westens geeignet, denn Sie können im Frühling beziehungsweise Sommer weniger Regen erwarten und schönes Wetter ist fast garantiert. Je später man allerdings den Norden bereist, desto trockener wird höchstwahrscheinlich auch die Landschaft mit ihren Wasserattraktionen sein.*

Die Bewohner des größten Staates machen

allerdings nur etwa 10% der Gesamtbevölkerung in Australien aus und von denen haben auch noch etwa 85% ihren Hauptwohnsitz in und um Perth herum angemeldet. Die beeindruckendsten Sehenswürdigkeiten, welche ich Ihnen nun vorstellen werde, sind in ganz Western Australia verteilt, daher ist es ratsam, mehr Zeit für einen Besuch einzuplanen.

Im **Purnululu National Park** befindet sich die **Bungle Bungle Range,** ein Schauplatz mit einem amüsanten Namen. Die auf etwa 350 Millionen Jahre alt geschätzten domförmigen Kuppeln mit farblich abgesetzten Streifen gehören aufgrund ihrer weltweiten Außergewöhnlichkeit seit 2003 zum Weltkulturerbe. Mit dem Auto können Sie dicht zwischen ihnen durchfahren und werden somit Zeuge eines nahen und intensiven Erlebnisses.

Die **Gibb River Road** ist das Road-Trip-Highlight schlechthin. Sie befindet sich im Norden von Wes-

---

Ein Roadtrip auf der Gibb River Road erfordert gute Vorbereitung, damit dieser auch ohne Komplikationen in vollen Zügen genossen werden kann. Auf der **Main Roads WA** *Website erhalten sie alle relevanten Informationen zu den aktuellen Straßenverhältnissen, aber auch praktisches Kartenmaterial mit hilfreichen Zusatzinformationen wird Ihnen zur Verfügung gestellt. Achten Sie außerdem auf einen geeigneten und hohen Geländewagen, welcher den extremen Bedingungen der Straße standhält.*

---

tern Australia und erstreckt sich ganze 660 nicht asphaltierte Kilometer von Derby nach Wyndham. Die Strecke durch das Outback führt an zahlreichen Wasserfällen, Pools, aber auch den 600m hohen **Cockburn Ranges**, riesigen Rinderfarmen und vereinzelten Aborigine-Gemeinden vorbei. Letztere lebten schon lange vor der Ankunft der ersten Europäer in diesen Gebieten, da dort die Lebensbedingungen durch hohe Wasservorkommen und eine reichhaltige Natur optimal sind. Da eine Besonderheit der Straße ist, dass Sie durch einen Fluss verläuft, wird die Straße aus Sicherheitsgründen nur geöffnet, wenn Fahrzeuge mit Allradantrieb das Gewässer auch gefahrlos passieren können. Deshalb wird die Strecke durch die Organisation Main Roads WA bei einem zu hohen Wasserstand des Flusses von November bis April gesperrt.

Die traumhafte **Coral Coast** erstreckt sich mit einer Küstenlinie von etwa 1.100km nördlich von Perth. Charakteristisch für diese Gegend sind einerseits die Korallenriffe und traumhaft weißen Sandstrände vor türkisfarbenem Meer, aber auch die idyllischen Fischerdörfer und die wunderschönen Wildblumenteppiche. Das angenehm mediterrane Klima zieht verschiedene Meeresbewohner zur Coral Coast, darunter Schildkröten, Wale, Walhaie, Delfine und die interessanten Dugongs. Die nördliche Spitze der Coral Coast bildet der **Ningaloo Marine Park**, ein spektakuläres Korallenriff. Auch wenn das größte Saum-Riff Australiens mit der unglaublichen Unterwasserwelt schon beeindruckend genug ist, werden Sie hier sogar mit Walhaien schwimmen und tauchen.

---

*Das **Ningaloo Reef** beherbergt ein unglaubliches Unterwasserleben. Einige Stimmen behaupten mittlerweile sogar, dieses deutlich kleinere Korallensystem dem Great Barrier Reef vorzuziehen, da es dessen Schönheit in nichts nachsteht, außerdem deutlich dichter an der Küste gelegen ist und somit leichter zu erreichen ist. Ihre eigene Meinung ist hier gefragt.*

Nicht weit entfernt lockt die sogenannte **The Pinnacles Desert** im **Nambung National Park**. Diese liegt nur eine Autostunde von Perth entfernt und zeichnet sich durch ihre bekannten gelben Kalksteinsäulen aus, welche sich bis zu 3,5m in die Höhe und 2m in die Breite erstrecken. Die Meinungen bezüglich ihrer Entstehung gehen auseinander, worin sich allerdings alle einig sind, ist, dass die tausenden Pinnacles besonders bei Sonnenuntergang ein sehenswertes und außergewöhnliches Spektakel mit einer besonderen Atmosphäre sind.

Die markante und absolut einzigartige Felsformation des **Wave Rock** stemmt sich im Süden des Bundesstaates in seltsamer Manier aus dem Boden. Das etwa 2,7 Millionen Jahre alte Gestein ist tatsächlich im wahrsten Sinne des Wortes eine Felswelle, die durch ihr wunderschönes Farbspiel aus ocker-, sand- und rostfarbenen Tönen besticht und jährlich bis zu 150.000 Touristen anlockt. Mittlerweile hat sich sogar das Wave Rock Music Festival erfolgreich etabliert.

Wenn Sie, genau wie ich, einfach nicht genug von traumhaften Stränden bekommen können, dann werden Sie auch in Western Australia nicht enttäuscht werden. Der zu den Süd-Wüsten gehörende **Cape Le Grande National Park** beherbergt einige von diesen paradiesischen Destinationen, die weltweit von zahlreichen Besuchern zu den Schönsten Australiens gezählt werden. Die **Luky Bay**, **Thistle Cove**, **Hellfire Bay** und der **Le Grand Beach** haben trotz ihrer Einzigartigkeit alle eines gemeinsam, nämlich die weißen Sandstrände mit absolut klarem, hellblauem Wasser. Ich weiß ja nicht, wie es Ihnen geht, aber für mich sind dies Orte mit Gänsehautpotential.

Im Süden des Staates Western Australia werden Sie auf ganze Waldareale riesiger Bäume treffen, so auch in der Nähe der Stadt Walpole. Erleben Sie die Karri- und Tinglebäume des **Ancient Empire Walk**, welche in 400 Jahren so monströs gewachsen sind, dass Sie sogar durch sie hindurchgehen können. Ebenso beeindruckend und wunderschön ist das **Valley of the Giants Treetop Walk**, denn hier werden Sie über die Kronen der uralten Baumriesen hinweg einen großartigen Ausblick haben. Wenn Ihnen das noch nicht hoch genug war, wagen Sie sich doch auf die Aussichtsplattform des **Gloucester Tree**, welche mit 61m so hoch ist, dass sie früher sogar als ein Feuerwachturm genutzt wurde.

Broome

Wenn ein Australier von Broome hört, denkt er erst einmal an Perlen. Denn diesen Schönheiten aus dem Inneren einer Muschel hat die Stadt überhaupt erst ihre Existenz zu verdanken. Nachdem man in der **Roebuck Bay** hier die größte Perlenmuschel der Welt fand, wurde Broome 1883 gegründet. Anfang des 20. Jahrhunderts züchtete man in den eigens dafür angelegten Farmen ganze 80% des weltweiten Perlmutts. Der **Cable Beach**, welcher sich in der Nähe des ursprünglichen Muschel-Fundorts befindet, ist die Sehenswürdigkeit der Stadt schlechthin. Der schier endlose Sandstrand erstreckt sich ganze 22km lang und verliert dabei nicht an Schönheit. Auch der traumhaft weiße und feine Sand und das türkise, klare Wasser bleibt paradiesisch bestehen. Schwimmen, Angeln, Spazieren, Relaxen – das ist hier genauso alltäglich wie das Kamelreiten entlang des Strandes. In einer Vollmondnacht im australischen Winter wird ein besonderes Ereignis in Broome mit dem Nachtmarkt am Town Beach eingeläutet. Erhebt sich der leuchtende Mond über dem Meer, so verursacht er auf dem schlammigen Boden bei Ebbe eine optische Täuschung. Das Phänomen der **Staircase to the Moon** bewirkt das abstrakte Bild einer Treppe, welche hinauf zum Mond führt – eine beeindruckende, ganz natürliche Erscheinung zum Bestaunen.

*Sollten Sie zwischen März und Oktober in einer Vollmondnacht in Broome sein, dann lohnt sich das Wachbleiben. Das Phänomen des **Staircase to the Moon** sollten Sie auf keinen Fall verpassen!*

Perth

Western Australias Hauptstadt ist für ihr riesiges grünes Zentrum, den Wassersport und die süßesten Beuteltiere der Welt bekannt. Die wohl einsamste Großstadt der Welt ist eine durchaus zutreffende

Bezeichnung für Perth, denn durch die riesige australische Wüste getrennt, liegt die Stadt weit entfernt inmitten des endlos weiten Western Australia.

Ihre erste Sehenswürdigkeit, die Sie in Perth ansteuern sollten, ist bei schönem Wetter der **Kings Park**. Dieser ist nicht nur einer der größten Stadtparks der Welt und damit sogar noch größer als der Central Park in New York, sondern hat neben Flora und Fauna auch noch einen Ausblick zu bieten, wie Sie ihn noch nie erlebt haben. Der Park ist weit entfernt von öde und langweilig, auch die größten Naturmuffel sollten hier auf ihre Kosten kommen. Da der Park vom Bodenlevel her höher gelegen ist, kann man an geeigneten Stellen immer wieder einen herrlichen Blick auf die Skyline von Perth werfen, der hier entstehende Ausblick ist vermutlich das beliebteste Fotomotiv. Eine mindestens genauso bekannte Aufnahme ist der **Cottesloe Beach**, welcher vor allem von jungen Reisenden und Backpackern aufgrund seiner Bade- und Surfqualitäten häufig aufgesucht wird.

In der Hauptstadt Western Australias erwartet Sie natürlich auch ein umfangreiches Kulturprogramm. Die **Art Gallery of Western Australia** hält eine große, kostenlose Sammlung indigener Kunst für Sie bereit. Ebenso kostenlose und sehr moderne Ausstellungen können Sie im **Perth Institute of Contemporary Arts (PICA)** bestaunen. Im Anschluss lockt ein Spaziergang durch den **Urban Orchard**, ein mit Grüngemüse und Kräutern gefüllter Stadtgarten, welcher auch Ihren Geruchssinn mit seinen duftenden Pflanzen anspricht.

Die etwa 19 km von der Küste entfernte Insel **Rottnest Island** ist eine komplett autofreie Zone, die geradezu zu einem Besuch einlädt.

---

*Die glücklichsten Tiere der Welt gibt es auf **Rottnest Island** zu sehen und sind mit ihrem dauerhaften Lächeln einfach entzückend. Doch seinen Sie gewarnt – die Quokkas sind vertrauensselig und Sie sollten eine respektvolle Distanz wahren, wenn Sie mit ihnen für ein Foto posieren.*

Die unberührte Natur ist ideal zum Schwimmen, Schnorcheln, Wandern, Fahrradfahren oder auch Relaxen. Ihnen stehen hier alle Optionen offen, was Sie allerdings nicht verpassen sollten, sind die vermutlich süßesten Tiere der Welt, die dauerhaft lächelnden Quokkas. Diesen hat die Insel übrigens auch ihren Namen zu verdanken, denn als sie von einem holländischen Kapitän entdeckt wurde, der dachte, dass die niedlichen Kurzschwanzkängurus nur biestige Ratten waren, nannte er die Insel „Rattennest", woraus sich der heutige Name ‚Rottnest' ableitet.

Einen Pflichtbesuch erfordert die Hafenstadt **Fremantle**, welche etwa eine 30-minütige Fahrt vom Zentrum von Perth erfordert. Die Historie der Gegend wird in den Häusern und den Straßen gespiegelt, die damalige Kolonialzeit scheint auch heute noch präsent zu sein. Nachdem Sie sich kulturell erkundigt haben, lockt zum Abschluss des Tages eine leckere Mahlzeit in einem der vielen charmanten Restaurants am Hafen.

Australien – definitiv ein Muss!

Wie hat Ihnen unsere kleine Reise durch Australien gefallen, habe ich am Anfang zu viel versprochen? Sind Sie genauso angetan von der unglaublichen Diversität dieses Kontinents wie ich?

Ich hoffe, dass ich Ihnen die Entscheidung(en) erleichtern konnte und Sie sich für ein paar, in diesem Buch aufgeführten Attraktionen und Sehenswürdigkeiten, begeistern konnten. Mit genügend Vorbereitung für den bürokratischen Teil der Reise, aber genauso viel Spontanität und Flexibilität bei der Auswahl der Aktivitäten wird diese Reise nach Australien ein voller Erfolg. Lassen Sie sich auf ein fremdes Land mit großartigen Menschen, eine neue Kultur und außergewöhnliche Orte ein und Sie werden garantiert mit neuen Erfahrungen und zahlreichen einmaligen Erlebnissen beschenkt werden. Tauchen Sie ein in eine andere Welt, auf einem Kontinent, auf dem andere Gesetze herrschen und erweitern Sie Ihren Horizont für eine besondere Lebensweise, wie wir Europäer sie nicht kennen. Freuen Sie sich auf die Urlaubsstimmung mit waschechtem Südseefeeling, erholen Sie sich von Ihrem alltäglichen Stress zu Hause und schwenken Sie Ihren Blickwinkel wieder auf die schönen Dinge im Leben.

Öffnen Sie Ihr Herz für Wunder und das Unmögliche, denn das Unerklärliche wird Sie in Australien erwarten, ganz egal, welchen Teil des Kontinents sie besuchen. Diese Reise ist ganz für Sie, Ihre ganz individuelle Zeit, die Sie nutzen können wie Sie möchten. Fragen Sie sich selbst: Was spricht Sie ganz persönlich an? Welche Orte ziehen Sie magnetisch an und welche Attraktivitäten möchten Sie auf keinen Fall verpassen? Daraus lässt sich hervorragend der perfekte Trip für Sie planen, mit der Garantie, dass es ein Erlebnisreicher und Einmaliger wird.

Ich wünsche Ihnen von Herzen viel Freude bei der Organisation, denn auch dieser Teil kann mit der richtigen Einstellung zur Entspannung des Urlaubs dazugehören und auch natürlich wünsche ich Ihnen viel Freude bei Ihrer eigentlichen Australienreise. Ich bin mir sicher, dass Sie Spaß haben und es genießen werden!

Packliste

Geld & Finanzen

O (evtl.) Auslandswährung
O Bargeld
O Bauchtasche
O Brustbeutel
O Bauchtasche
O EC-Karte
O Kreditkarte
O Notfall-Telefonnummern der Banken
O Portmonee

Hygiene

O Haarbürste / Kamm
O Deo (klein)
O Shampoo
O Kulturtasche
O Sonnencreme
O Taschentücher

O Reise-Zahnbürste und Zahnpasta

O Verhütungsmittel

Kleidung

O Badeklamotten

O Gürtel

O Hosen kurz / lang

O Mütze / Cap / Hut

O Pullover

O Regenjacke

O Schlafanzug

O Socken

O Sonnenbrille

O Sportklamotten / Jogginghose

O T-Shirts

O Unterwäsche

Medikamente

O Blasenpflaster

O Anti-Durchfalltabletten

O Erste-Hilfe-Set

O Fiebertabletten

O Fiebertabletten

O Mückenschutz

O sonstige Medikamente

O Pflaster

O Kopfschmerztabletten

Unterlagen & Papiere

O ADAC Unterlagen

O Adresslisten für Postkarten

O Krankversicherungsnachweis

O Stadtplan

O Führerschein

O Unterlagen für die Unterkunft

O Wasserdichte Hülle für Reiseunterlagen

O Impfausweis

O Mietwagenunterlagen

O Personalausweis

O Reisepass

O Reisetagebuch

O evtl. Studentenausweis

O evtl. Visum
O Zug- / Bahn- / Flugticket

Taschen & Rucksäcke

O Koffer / Trolley / Reisetasche
O Regenhülle für Rucksack
O Rucksack

Schuhe

O Badeschlappen / Hausschuhe
O Schuhe und Wechselschuhe

Sonstiges

O Brille / Kontaktlinsen und Etui
O Buch zum Lesen
O Ohrenstöpsel und Schlafmaske
O Regenschirm
O Reisedecke
O Wasserflasche
O Wörterbuch

Elektronik

O Digitalkamera
O Handy
O Ladekabel
O Kopfhörer
O evtl. Steckdosenadapter
O Power-Bank

Herstellung und Verlag:
BoD – Books on Demand, Norderstedt
ISBN: 9783750482319

1. Auflage
Kontakt: Psiana eCom UG/ Berumer Str. 44/ 26844 Jemgum
Covergestaltung: Fenna Larsson
Coverfoto: depositphotos.com